Cake Pops

DRAC

Heike Roland y Stefanie Thomas

Heike Roland y **Stefanie Thomas** se conocieron en 1996 a través de una afición común, la confección de osos de peluche. Después realizaron juntas muchos viajes con sus divertidos osos a ferias y a exposiciones de Alemania, Austria, Inglaterra y EE.UU. La "fiebre por los osos" se apagó un día, pero surgieron en cambio muchas otras ideas. Desde entonces, juntas han diseñado, pintado, recortado, pegado, fieltrado y cosido muchos muñecos y adornos de tela para decorar la casa. En esta misma editorial han publicado: *Muñecos y adornos de tela, Nuevos muñecos y adornos de tela, Ideas para decorar la casa en Navidad con fieltro modelable con aguja* y *Crear originales sellos con tacos de madera y gomas de borrar.*

Agradecimientos

Un especial agradecimiento a KDTorten, tienda *on line* de ingredientes de pastelería y accesorios para cocinar (Hamburgo) por su amable puesta a nuestra disposición de todos los materiales: www.kdtorten.de

Editora: Eva Domingo

Publicado por primera vez en Alemania por Frech-Verlag GmbH, bajo el título: *Cake Pops* de Heike Roland y Stefanie Thomas.

Marqués de Urquijo, 34. 28008 Madrid.
Tel: 91 559 98 32. Fax: 91 541 02 35.
E-mail: info@editorialeldrac.com
www.editorialeldrac.com

Fotografías: frechverlag GmbH, 70499 Stuttgart; lichtpunkt, Michael Ruder, Stuttgart; Heike Roland y Stefanie Thomas (fotografías de todos los paso a paso)
Diseño de cubierta: José María Alcoceba
Traducción: Eva Nieto
Revisión técnica: Inmaculada Fernández y María Marcos

ISBN: 978- 84-9874-285-5
Depósito legal: M-31.481-2012
Impreso en Gráficas COFÁS
Impreso en España – *Printed in Spain*

Introducción

Junto con los cupcakes y los muffins, los cake pops son la tentación más dulce que nos depara la cocina. Divertidos, de pequeño tamaño (encajan en cualquier plan de dieta) e insertados en un palito, sirven de picoteo para llevar en la mano sin peligro de que nos manchemos.

La preparación es cosa de niños: bizcocho + crema de mantequilla + chocolate y... ¡adelante!

A partir de ahora, no volverá a organizar una fiesta sin contar con los cake pops; además, son estupendos para regalar o como un divertido recuerdo.

Pero cuidado: los cake pops son “potencialmente adictivos”, tanto para quienes los preparan como para quienes los consumen.

¡Deseamos que se diviertan preparándolos y degustándolos!

Índice

Cómo hacer los Cake Pops

Materiales y utensilios

Candy melts o pequeñas pastillas de chocolate de colores.

Colorantes alimentarios liposolubles.

Bizcocho comprado o hecho en casa.

Lápiz de glaseado para rotular, o bien fondant de azúcar hecho por uno mismo.

Aromas naturales.

Fondant, fideos de chocolate, fideos de colores, ojos de azúcar, gominolas con forma de judías, gomas de gominola, moras de caramelo, miniaperitivos salados, confeti de regaliz, rosquillas de azúcar, smarties pequeños, crispies de chocolate y otros adornos de azúcar.

Cortapastas.

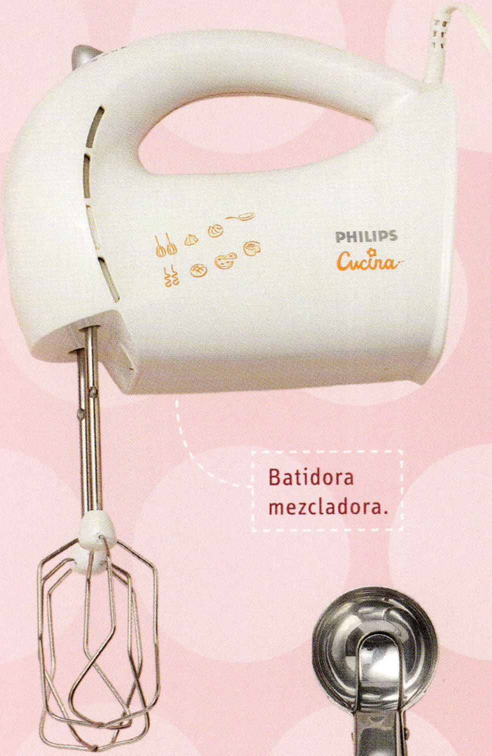

Batidora mezcladora.

Superficie de poliestireno.

Prensa de ajos.

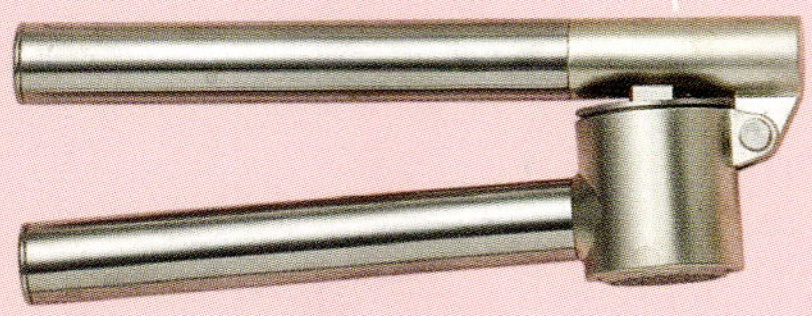

Palos o palitos de cake pops o de piruletas.

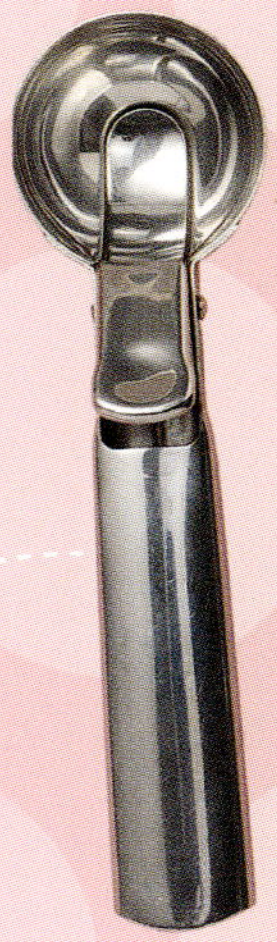

Cuchara de helado o cuchara sopera.

Recetas de bizcocho

Ingredientes

(Para 1.000 g aprox.)

Bizcocho claro

- 275 g de mantequilla o margarina
- 275 g de azúcar
- 6 huevos
- 300 g de harina
- 2 cucharaditas colmadas de levadura

Bizcocho oscuro

- 275 g de mantequilla o margarina
- 340 g de azúcar
- 5 huevos + 1 yema de huevo
- 170 g de harina de trigo
- 170 g de maizena
- 2 cucharaditas colmadas de levadura
- 4 cucharadas rasas de cacao
- 3 cucharadas de ron

Bizcocho claro

Batir los huevos hasta que queden espumosos. Luego añadir el azúcar y remover junto con los huevos hasta que se forme una masa cremosa. Incorporar la mantequilla o la margarina y remover todo muy bien. Mezclar la harina y la levadura, y agregar esta mezcla poco a poco hasta que quede una masa uniforme. Engrasar un molde, echar la masa e introducirlo en el horno precalentado a 160-175 °C (con circulación de aire) unos 60 minutos.

Bizcocho oscuro

Mezclar la mantequilla o la margarina con el azúcar hasta que quede espumosa. Añadir poco a poco los huevos y remover hasta que se forme una masa cremosa. Después, incorporar a cucharadas la harina, la maizena, la levadura y el cacao. Para finalizar, agregar el ron y remover bien. Engrasar un molde, echar la masa e introducirlo en el horno precalentado a 160-175 °C (con circulación de aire) unos 60 a 75 minutos.

Consejo

Alternativa rápida: si se tiene prisa también se puede utilizar una mezcla o un bizcocho que ya vengan preparados. Solo hay que tener en cuenta que no lleve glasa.

Recetas de crema de mantequilla

Ingredientes

(Para medio bizcocho aprox.)

Crema de mantequilla clara

- 120 g de mantequilla
- 200 g de azúcar glas

Crema de mantequilla clara con queso crema

- 60 g de mantequilla
- 60 g de queso crema
- 200 g de azúcar glas

Crema de mantequilla oscura

- Crema de mantequilla clara (ver ingredientes arriba)
- 1 cucharada de cacao
- 1-2 cucharadas de leche, opcional

Crema de mantequilla clara

Batir la mantequilla hasta que quede espumosa. Después, añadir el azúcar glas hasta que se forme una masa homogénea.

Crema de mantequilla clara con queso crema

Batir la mantequilla con el queso crema hasta que la mezcla quede espumosa. Incorporar el azúcar glas y remover hasta que se forme una masa cremosa.

Crema de mantequilla oscura

Incorporar el cacao a la crema de mantequilla clara. En caso de que la crema sea demasiado firme, añadir un poco de leche y remover hasta obtener de nuevo una consistencia cremosa.

Variantes

A todas las recetas de crema de mantequilla se les pueden añadir distintos aromas, según los gustos, por ejemplo vainilla, limón, naranja o canela.

Consejo

Si la crema de mantequilla no se va a utilizar enseguida, puede conservarse durante 4 días en el frigorífico.

Instrucciones básicas

Ingredientes

- Bizcocho (ver página 8)
- Crema de mantequilla (ver página 9)
- Colorante alimentario liposoluble, opcional

Materiales

- Cuchara sopera y/o cuchara de helado
- Papel para hornear o papel de aluminio
- Film transparente
- Plato
- Bol

Masa base de cake pops

Para hacer la masa base de cake pops cortar el bizcocho frío en cuatro partes. Después, cortar en trozos uno de los cuartos y desmigajar estos trozos en un bol hasta obtener pequeñas porciones más o menos del mismo tamaño.

Incorporar la crema de mantequilla a cucharadas a las migas de bizcocho, hasta que se forme una masa homogénea. El resultado no debe quedar demasiado espeso como para que se distingan las migas ni tampoco demasiado líquido. En caso de que se haya echado mucha crema de mantequilla, añadir algunas migas más de bizcocho, hasta obtener la consistencia adecuada.

Antes de comenzar

Antes de empezar a preparar los cake pops es necesario disponer de una superficie de poliestireno, que servirá como "sujeción intermedia" para los dulces. Después de sumergir los cake pops en el chocolate líquido, los palitos se pueden pinchar en el poliestireno mientras el chocolate se endurece. Con un palo de brocheta realizar agujeros en la superficie de poliestireno a una distancia de unos 8-10 cm entre ellos. El diámetro de estos agujeros debe ser lo bastante grande como para poder introducir en ellos los palitos para cake pops sin que sea necesario hacer fuerza; en cualquier caso, los palitos no deben bailar en su agujero.

Consejo

Para conseguir un efecto especial, la masa base de los cake pops puede teñirse con colorantes alimentarios. En este caso, utilizar un bizcocho claro, una crema de mantequilla clara (sin cacao) y añadir al resto de ingredientes unas gotas de colorante alimentario liposoluble; remover todo muy bien.

Preparar los cake pops con esta masa base. Para ello, coger pequeñas cantidades de masa con una cuchara sopera o con una de helado y formar bolas de unos 3-3,5 cm de diámetro. Procurar que al modelar las bolas no se formen poros de aire o grietas en la masa. Según de qué receta se trate, se les dará una forma u otra.

Colocar las bolas sobre un plato recubierto con papel para hornear o papel de aluminio, tapar con film transparente y meter en el congelador durante 15 minutos. Los cake pops deben estar fríos pero no congelados. Mientras tanto, se puede ir fundiendo el chocolate que se vaya a necesitar.

Sacar las bolas del congelador y colocarlas en el frigorífico. Ir sacándolas de una en una según vayan a utilizarse; de esa forma se evita que el resto se caliente.

Chocolate

TEÑIR Y FUNDIR

Teñir el chocolate

Para recubrir los cake pops se utilizan candy melts, pequeñas pastillas de chocolate de colores, disponibles en varios colores y que se pueden mezclar entre sí. También se puede hacer un baño de chocolate: marrón claro si es chocolate con leche entera, marrón oscuro si es chocolate semiamargo o blanco si se emplea una cobertura de chocolate blanco. Esta última cobertura puede teñirse con colorantes alimentarios liposolubles, que se agregan en gotas al chocolate líquido o en polvo, mezclándolos bien. Los chocolates de cobertura tradicionales no son lo bastante fluidos, por lo que no resultan adecuados. También se puede añadir manteca de cacao o aceite de coco.

Fundir el chocolate

Mientras las bolas de bizcocho se dejan enfriar en el congelador, fundir el chocolate al baño María. Hace falta una cacerola poco profunda, llena de agua hasta la mitad, y vasos de cristal de tubo, uno por cada color de chocolate. Se llenan los vasos con los candy melts o con las distintas coberturas de chocolate y se calientan a fuego medio. Hay que procurar que el chocolate no esté demasiado caliente y que no le salpique nada de agua. El chocolate fundido al baño María ha de tener una consistencia lo bastante fluida como para poder sacarlo de los vasos a cucharadas. Si ha quedado demasiado espeso, se le puede diluir con pequeñas cantidades de aceite de coco, mezclando todo muy bien hasta que el chocolate adquiera la consistencia adecuada.

Consejo

Si después de decorar los cake pops sobrara algo de chocolate, se le puede dejar endurecer en un vaso y guardarlo para fundirlo en otra ocasión.

Consejos para el baño de chocolate

Insertar los palitos

Introducir 1 cm de uno de los extremos del palito en chocolate líquido y seguidamente pincharlo con cuidado en la bola ya formada. Atención: el palito debe introducirse como mucho hasta la mitad del cake pop, para que este no se rompa.

Sumergir el cake pop

A continuación, sumergir el cake pop, manteniéndolo vertical, en el chocolate fundido hasta llegar al comienzo del palito, de modo que el cake pop quede totalmente cubierto con una capa de chocolate. Quitarlo con un movimiento rápido pero con cuidado, sin girarlo ni moverlo de manera brusca, para que no se separe del palito. Dejar escurrir el chocolate durante un instante y colocar el cake pop algo inclinado hacia arriba.

Quitar el chocolate sobrante

Para quitar el chocolate sobrante, sujetar el cake pop por el palito y girarlo despacio; mientras, con la otra mano dar unos pequeños "golpes" en la mano que sujeta el palito y, a la vez, ir girando este lentamente. No se debe golpear directamente sobre el palito, para evitar que el chocolate se derrame de una forma brusca. Después, clavar el palito en una plancha de poliestireno y dejarlo hasta que el chocolate se haya solidificado.

Consejo

Si al introducir el cake pop en el chocolate se desprendiera del palito, sacar la bola con una cuchara y colocarla sobre papel para hornear. ¡De este modo habrá transformado muy fácilmente un cake pop en un cake ball!

Decorar

CON FONDANT Y FONDANT DE AZÚCAR

Teñir el fondant y preparar pelos

1 Para teñir el fondant es necesario un colorante alimentario líquido del color adecuado. Añadirlo gota a gota y amasar hasta que el color se haya distribuido de manera uniforme. Si el fondant queda demasiado blando, se puede añadir azúcar glas hasta que adquiera de nuevo la consistencia adecuada.

2 Para preparar pelos a partir de la masa de fondant, ir introduciendo pequeñas porciones de masa en una prensa de ajos y presionar. Retirar con un cuchillo las pequeñas tiras de fondant directamente de la prensa y colocarlas donde deseemos.

Fondant de azúcar (glaseado)

Poner 250 g de azúcar glas en un recipiente e incorporar poco a poco 40-50 ml de agua, removiendo todo hasta que se forme una masa base espesa que se pueda modelar. Incorporar esta masa de azúcar a una manga pastelera con boquilla y empezar a decorar. También puede utilizarse una bolsa de plástico de las que se emplean para congelar alimentos, cortando una de las esquinas para que se forme un agujero que haga las veces de boquilla.

Decorar

CON DULCES

Decoración sobre chocolate fundido

Sobre la cobertura de chocolate aún blanda espolvorear fideos de colores, confeti de azúcar o los elementos de decoración que deseemos. Para una perfecta distribución, ir girando lentamente los cake pops hasta que queden cubiertos de manera uniforme por la decoración.

Decoración sobre chocolate duro

1 Con un fondant de azúcar (glaseado) se puede, por ejemplo, escribir nombres o trazar líneas y puntos. Se necesita una manga pastelera con boquilla (de tamaño pequeño) o bien una bolsa para congelar pequeña. Dejar que, después de escribir, la masa se seque bien.

2 Pintar los cake pops con cobertura de chocolate de otros colores: para ello, derretir una pequeña cantidad de chocolate del color deseado e ir dibujando con la ayuda de un palillo o una brocheta.

3 Los corazones o el confeti de azúcar se fijan con la ayuda de una gota de chocolate líquido colocada sobre el cake pop. Con un palillo o una brocheta se pone una pizca de chocolate derretido sobre el cake pop; después, se presionan con cuidado las piezas de azúcar sobre la pizca de chocolate. En el caso de adornos de mayor tamaño, como por ejemplo los ojos de azúcar, poner el chocolate derretido directamente sobre la decoración y colocarlo después en el cake pop.

Los primeros Cake Pops

¡UN BOCADO Y SE ACABÓ!

Ingredientes

- Masa base de cake pops (ver páginas 10-11)
- Candy melts o cobertura de chocolate en varios colores
- Fideos de colores, confeti de azúcar, corazones de azúcar, smarties, bolitas de colores
- Palitos de cake pops

Así se hace

1 Formar una bola a partir de una pequeña porción de masa base de cake pops. Repetir con el resto de masa. Meter estas bolas en el congelador durante unos 15 minutos, siguiendo los pasos de las Instrucciones básicas (ver páginas 10-11).

2 Mientras tanto, derretir los candy melts o bien la cobertura de chocolate.

3 Sacar las bolas del congelador, introducir el palito y sumergirlo en chocolate fundido. Espolvorear parte de las bolas con fideos de colores o confeti de azúcar y con bolitas de colores mientras el chocolate aún esté blando. Para el resto de las bolas, antes de empezar a decorarlas hay que esperar a que el chocolate se haya solidificado.

4 A continuación, echar una pequeña gota de chocolate líquido sobre la bola, allí donde se quieran fijar los corazones de azúcar, los smarties o las bolitas de colores.

Consejo

Se recomienda poner en un plato todos los ingredientes de decoración que hayan podido caerse al espolvorear. Después puede utilizarse esta mezcla para decorar, y así los cake pops tendrán muchos colores.

Consejo

Para hacer los cubos también se puede utilizar un cuchillo de hoja ancha u otro utensilio de cocina con una superficie lisa.

Para cumpleaños

¡PEQUEÑOS, PERO ESTUPENDOS!

Ingredientes

Regalo

- Masa base de cake pops (ver páginas 10-11)
- Candy melts azul claro
- Fondant rojo
- Papel para hornear
- Palitos de cake pops

Muffin

- Masa base de cake pops (ver páginas 10-11)
- Candy melts blancos
- Cobertura de chocolate marrón oscuro
- Cortapastas en forma de flor, de unos 2 cm de diámetro
- Para cada unidad: 1 mini smartie y mini bolitas de azúcar de colores
- Palitos de cake pops

Así se hace

Regalo

1 Preparar una bola con una pequeña porción de masa base de cake pops y presionarla por dos lados hasta formar un dado. Continuar del mismo modo con el resto de la masa base. Meter los dados en el congelador durante 15 minutos.

2 Derretir juntos los candy melts azul claro y preparar con el fondant rojo, sobre una superficie cubierta de papel de hornear, un rulo de 10 cm de longitud.

3 Sacar los dados del congelador, introducir un palito en cada uno de ellos y sumergirlos en el chocolate. Dejar que el chocolate se endurezca.

4 A continuación, colocar el rulo de fondant rojo como si fuera la cinta de un regalo y hacerle un lazo.

Muffin

1 Preparar una bola con una pequeña porción de masa base de cake pops e introducirla en el cortapastas de manera que la mitad de la masa base sobresalga por encima como si fuera una cofia. Sacar la masa del cortapastas con mucho cuidado, presionando desde abajo. Meter las formas en el congelador durante 15 minutos.

2 Derretir la cobertura de chocolate marrón oscuro y los candy melts blancos por separado.

3 Sacar las formas del congelador. Sujetar el muffin por la parte de arriba e introducir la parte inferior en la cobertura de chocolate marrón, después meter el palito en la parte inferior del muffin mientras el chocolate aún esté blando. Por último, introducir la parte superior en el chocolate blanco, espolvorear por encima las mini bolitas de azúcar y colocar 1 mini smartie en el centro.

Zanahorias frescas

NO SOLO GUSTAN A LOS VEGETARIANOS

Ingredientes

- Masa base de cake pops (ver páginas 10-11)
- Candy melts verdes y blancos
- Zanahorias de fondant o de fondant de azúcar (glaseado), de 2 cm aprox.
- Confeti de azúcar
- Palitos de cake pops

Así se hace

1 Preparar una bola con una pequeña porción de masa base de cake pops, modelarla hasta conseguir un rulo corto y grueso y presionar entre las palmas de las manos hasta formar un óvalo de unos 1,5 a 2 cm. Continuar del mismo modo con el resto de la masa base. Siguiendo las Instrucciones básicas (ver Páginas 10-11), meter las formas en el congelador durante 15 minutos.

2 Derretir juntos los candy melts verdes y blancos de manera que quede de un tono verde claro.

3 Sacar las formas del congelador, introducir un palito en cada una de ellas y sumergirlas en el chocolate verde. Dejar que el chocolate se endurezca antes de adornarlas.

4 Pintar las briznas de hierba de color verde claro (ver en la página 15 Decorar con dulces) y decorar el chocolate aún caliente con el confeti de azúcar. A continuación, fijar las zanahorias al cake pop con una gota de chocolate líquido.

Consejo

No hay que dejar demasiado apretados los rollos de masa, pues se romperían al colocar el palito.

Simpáticos corderos

PARA UN PICNIC EN EL CAMPO

Ingredientes

- Masa base de cake pops (ver páginas 10-11)
- Candy melts blancos
- Glasa blanca o fondant de azúcar (glaseado)
- Colorante alimentario negro liposoluble
- Lápiz de glaseado negro
- Para cada unidad: 2 ojos de azúcar
- Manga pastelera con boquillas
- Palitos de cake pops

Así se hace

1 Preparar bolas a partir de la masa base de cake pops y modelar en la parte de arriba una cabeza con forma de huevo y en la de abajo, una forma redondeada de tripa. Meter las bolas en el congelador durante 15 minutos.

2 Derretir los candy melts blancos y teñir la mitad con colorante alimentario negro para lograr una tonalidad gris.

3 Sacar los corderos del congelador, introducir un palito en cada uno de ellos y sumergirlos en el chocolate blanco. Dejar que el chocolate se endurezca. Después, sumergir solo las cabezas en el chocolate gris y dejar también que se endurezca el chocolate.

4 A continuación, fijar los ojos con una gota de chocolate líquido y pintar las líneas de la nariz con el lápiz de glaseado negro. Para finalizar, decorar las tripas de los corderos con la glasa blanca o el fondant de azúcar (glaseado).

Modelar la tripa en la bola de masa.

¡Ya está listo el modelo del cordero!

Consejo

Las orejas no deben ser ni demasiado largas ni demasiado delgadas, porque se podrían romper.

Huevos y conejo de Pascua

MUCHOS SALUDOS DEL CONEJO DE PASCUA

Ingredientes

Huevos de Pascua

- Masa base de cake pops (ver páginas 10-11)
- Candy melts de colores
- Perlas de colores de azúcar, corazones de azúcar rosas y rojos, ositos rojos de gominola
- Lápiz de glaseado blanco
- Cuchillo pequeño
- Palitos de cake pops

Conejo de Pascua

- Masa base de cake pops (ver páginas 10-11)
- Cobertura de chocolate marrón oscuro
- Para cada unidad: confeti de gominola naranja (oreja), 1 mini smartie rojo (nariz), 2 bolitas de gominola de mora (ojos)
- Lápiz de glaseado blanco
- Palitos de cake pops

Así se hace

Huevos de Pascua

1 Preparar una bola con una pequeña porción de masa base de cake pops y modelar con las manos hasta que tenga forma de huevo.

2 Continuar del mismo modo con el resto de la masa. Meter en el congelador durante 15 minutos.

3 Derretir los candy melts.

4 Sacar los huevos del congelador e introducir un palito en cada uno de ellos, después sumergirlos en el chocolate líquido y dejar que este se endurezca. Sumergir cada huevo hasta la mitad en chocolate de otro color y dejar también endurecer.

5 A continuación, fijar las perlas de colores de azúcar, los corazones de azúcar y los ositos de goma con una gota de chocolate líquido y decorar con el lápiz de glaseado blanco.

Conejo de Pascua

1 Preparar una bola con una pequeña porción de masa base de cake pops, presionar entre las palmas de las manos hasta que quede plana y modelar las orejas con un cuchillo pequeño: para ello, realizar un corte y separar las orejas. Meter los conejos en el congelador durante 15 minutos.

2 Derretir la cobertura de chocolate marrón oscuro, cortar el confeti de gominola en rodajas muy delgadas y sacar pequeñas bolitas de la gominola de mora para hacer los ojos.

3 Introducir un palito en cada uno de los conejos y sumergirlos en chocolate. Dejar que el chocolate se endurezca.

4 Fijar con una gota de chocolate líquido el confeti de gominola en las orejas, pintar dos puntos con el lápiz de glaseado y presionar sobre ellos, a modo de ojos, las bolitas de gominola. Pintar los bigotes también con el lápiz de glaseado.

Rana y flores

FLORES COMESTIBLES Y PRÍNCIPES ENCANTADOS

Ingredientes

Rana

- Masa base de cake pops (ver páginas 10-11)
- Candy melts verdes
- Para cada unidad: 2 confetis de azúcar rojos, 1 wibele doble (galletas de Suabia) o 2 smarties verdes, 1 par de ojos de azúcar
- Lápiz de glaseado negro
- Palitos de cake pops

Flores

- Masa base de cake pops (ver páginas 10-11)
- Candy melts de distintos colores
- Smarties grandes amarillos, naranjas y rojos, mini smarties, flores de azúcar, corazones de azúcar
- Lápiz de glaseado blanco
- Cortapastas en forma de corazón, de unos 3 cm de diámetro
- Palillos de madera o pincel
- Palitos de cake pops

Así se hace

Rana

1 A partir de la masa base de los cake pops formar una bola. Hacer lo mismo con el resto de la masa. Meter las bolas en el congelador durante 15 minutos.

2 Derretir los candy melts y, con la ayuda de un palillo de madera o un pincel, cubrir los wibele con el chocolate verde.

3 Sacar las bolas del congelador e introducir en cada una de ellas un palito. Después sumergirlas en el chocolate y dejar que este se endurezca.

4 A continuación, pintar con el lápiz de glaseado negro la boca y fijar con chocolate fundido el confeti para las mejillas de la rana.

Flores

1 Preparar bolas con la masa base de cake pops y meterlas en el cortapastas hasta que este esté totalmente lleno. A continuación, sacar con cuidado los corazones del cortapastas y dar un poco de forma a los pétalos. Meter las flores en el congelador durante 15 minutos.

2 Derretir los candy melts.

3 Sacar las flores del congelador, introducir en cada una de ellas un palito, sumergirlas en el chocolate y dejar que este se endurezca.

4 Después fijar los mini smarties, las flores o los corazones a base de colocar una gota de chocolate líquido o bien bordear la forma de la flor con el lápiz de glaseado blanco.

Consejo

Se recomienda introducir el palito entre dos hendiduras de los pétalos de la flor, pues si no se podrían romper.

Bólidos veloces

PARA PEQUEÑOS Y GRANDES CORREDORES

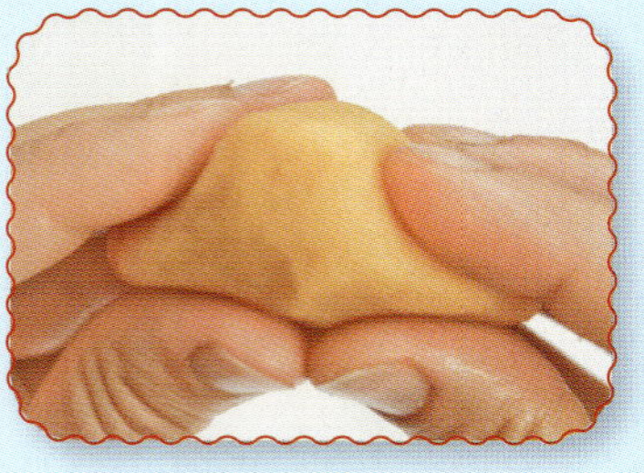

Estirar en sentido longitudinal el capó del coche y el maletero.

Ingredientes

- Masa base de cake pops (ver páginas 10-11)
- Candy melts de colores
- Para cada unidad: 1 par de ojos de azúcar, 4 rosquillas de regaliz (para las ruedas), 4 confetis de azúcar amarillos o naranjas (para los faros)
- Palitos de cake pops

Así se hace

1 Preparar una bola con una pequeña porción de masa base de cake pops, modelarla con las manos (ver fotografía) y darle forma de coche. Continuar del mismo modo con el resto de la masa base. Meter los coches en el congelador durante 15 minutos.

2 Derretir los candy melts.

3 Sacar los coches del congelador, introducir un palito en cada uno de ellos y sumergirlos en el chocolate. Dejar que el chocolate se endurezca.

4 A continuación, con una gota de chocolate líquido fijar los ojos de azúcar en la parte delantera, sobre el "parabrisas"; fijar también dos confetis amarillos o naranjas a modo de faros en la parte de delante y otros dos para los faros de detrás, así como cuatro rosquillas de regaliz para las ruedas.

Consejo

No hay que hacer los coches demasiado grandes porque resultarían muy pesados y no se mantendrían en el palito al sumergirlos en el chocolate. Además, así entrarán fácilmente en el recipiente del chocolate derretido.

Pareja de novios

FELICES TINA Y TONO

Ingredientes

- Masa base de cake pops (ver páginas 10-11)
- Candy melts blancos y naranjas
- Para cada unidad: 1 flor de azúcar pequeña blanca, 2 perlas de azúcar de color naranja (nariz), ½ tira de regaliz (pajarita del novio)
- Aprox. 10 cm de ganchillo blanco (vestido de la novia)
- 1 mini cilindro, 2 cm
- Fondant amarillo y marrón
- Lápiz de glaseado negro
- Prensa de ajos
- Cuchillo
- Palitos de cake pops

Así se hace

1 Preparar una bola a partir de la masa base de cake pops. Continuar del mismo modo con el resto de la masa base. Meter las bolas en el congelador durante 15 minutos.

2 Derretir los candy melts en una relación de 10:1 (blanco: naranja), para conseguir un color de piel. Partir la tira de regaliz por la mitad para hacer la pajarita del novio y fruncir el ganchillo con un hilo por uno de sus lados largos. Para ello, pasar con mucho cuidado el hilo y atarlo en el ribete de la puntilla.

3 Sacar las bolas del congelador e introducir un palito en cada una de ellas. Luego sumergirlas en el chocolate color piel. Dejar que el chocolate se endurezca.

4 Fijar una perla de azúcar naranja, con una gota de chocolate líquido, en el centro a modo de nariz. Meter algo de fondant en la prensa de ajos, recortar con un cuchillo y colocar sobre la cabeza para hacer el pelo. Fijar con cuidado el cilindro, así como la flor de azúcar, a base de presionarlos sobre el pelo.

5 Colocar la tela de ganchillo alrededor del palito de la novia y anudar los extremos del hilo. Pintar los ojos y la boca con el lápiz de glaseado negro. Para finalizar, fijar con una gota de chocolate líquido la pajarita de regaliz al palito del novio y la falda de ganchillo por debajo de la cabeza de la novia.

Corazones dulces

CON TODO EL AMOR

Ingredientes

- Masa base de cake pops (ver páginas 10-11)
- Candy melts rojos
- Lápiz de glaseado blanco
- Corazones de azúcar rosas, lilas y blancos, confeti de azúcar, flores de azúcar rosas, crispies blancos de chocolate
- Cortapastas en forma de corazón, de unos 3 cm de diámetro
- Palitos de cake pops

Así se hace

1 Preparar una bola con una pequeña porción de masa base de cake pops y meterla en el cortapastas. Tener en cuenta que el cortapastas debe quedar totalmente lleno y sin que haya burbujas de aire o grietas. Posiblemente habrá que añadir algo más de masa base para rellenarlo por completo.

2 Sacar con cuidado la forma del cortapastas presionando de arriba hacia abajo y, si fuera necesario, darle forma a mano. Siguiendo las Instrucciones básicas (ver páginas 10-11), meter los corazones en el congelador durante 15 minutos.

3 Derretir los candy melts rojos. Sacar los corazones del congelador, introducir un palito en cada uno de ellos y sumergirlos en el chocolate. Esperar a que el chocolate se endurezca.

4 A continuación, fijar con gotas de chocolate líquido los corazones de azúcar, las flores, los crispies o el confeti y luego decorar los corazones con el lápiz de glaseado blanco.

Consejo

Colocar los palitos en los corazones de forma lateral, así es menos "peligroso"; si se quieren poner justo en la punta, habrá que proceder con mucho cuidado porque entonces los corazones se podrían partir.

Circo multicolor

PARA UNA FIESTA INFANTIL DE CUMPLEAÑOS

Ingredientes

- Masa base de cake pops (ver páginas 10-11)
- Candy melts amarillos, naranjas, rojos y verdes (para los animales)
- Candy melts lilas y rosas (para las princesas)
- Azúcar cristalizada rosa para las princesas
- Figuras recortables de plástico de animales salvajes
- Figuras recortables de plástico de princesas
- Palitos de cake pops

Así se hace

1 A partir de la masa base de cake pops formar una bola que quepa entre los brazos de las figuras de plástico. Continuar del mismo modo con el resto de la masa base. Meter las bolas en el congelador durante 15 minutos.

2 Derretir los candy melts y recortar las figuras.

3 Sacar las bolas del congelador, introducir en cada una de ellas un palito y sumergirlas en el chocolate.

4 Antes de que el chocolate se endurezca, colocar las figuras de plástico en las bolas de tal modo que el borde inferior quede sujeto al chocolate.

5 Espolvorear la bola de color lila con el azúcar cristalizada. Antes de seguir decorando esperar a que el chocolate se endurezca. A continuación, pintar con chocolate líquido los puntos y el "pelo" en las tripas de los animales (ver en la página 15 Decorar con dulces).

Consejo

Los palitos deben tener de 0,5-1 cm de diámetro. Si fuera necesario, recortar los palitos en punta.

2-1 a favor de los golosos

PELOTAS CON PALITO

Ingredientes

- Masa base de cake pops (ver páginas 10-11)
- Candy melts blancos
- Colorante alimentario negro liposoluble
- Esterilla de madera y palillos
- Palitos de cake pops

Así se hace

1 Preparar una bola con una pequeña porción de masa base de cake pops. Continuar del mismo modo con el resto de la masa base. Meter las bolas en el congelador durante 15 minutos.

2 Derretir los candy melts blancos, colocar una pequeña parte de ellos en otro recipiente y teñir con el colorante alimentario negro.

3 Sacar las bolas del congelador, introducir un palito en cada una de ellas y sumergirlas en el chocolate blanco. Dejar que el chocolate se endurezca.

4 A continuación, pintar las bolas con manchas pentagonales negras que las hagan parecer balones. Para ello, usar una esterilla de madera para poner sobre cada esfera una mancha de chocolate líquido y luego, con mucho cuidado, hacer los pentágonos con un palillo. Tener muy en cuenta no tocar con el palillo el chocolate blanco, ya que de lo contrario se mezclarían los dos tipos de chocolate.

Consejo

Para la decoración de los balones también se puede utilizar chocolate marrón oscuro en lugar de negro.

Deliciosas setas

APORTAN FELICIDAD Y NO SON VENENOSAS

Modelar el extremo superior para formar el sombrero de la seta.

Modelar la mitad inferior para formar el pie de la seta.

Ingredientes

- Masa base de cake pops (ver páginas 10-11)
- Candy melts blancos y rojos
- Para cada unidad: 8 perlas crujientes blancas
- Palitos de cake pops

Así se hace

1 Preparar una bola a partir de la masa base de cake pops y modelar hasta conseguir un rulo grueso y corto. Presionar un poco el extremo superior para formar el sombrero de la seta. Continuar del mismo modo con el resto de la masa base. Meter las setas en el congelador durante 15 minutos.

2 Derretir por separado los candy melts blancos y rojos.

3 Sacar las setas del congelador. Sujetar con firmeza la seta por el sombrero e introducirla por el pie en el chocolate blanco. Meter un palito en el pie de la seta mientras el chocolate esté aún blando. Dejar que el chocolate se endurezca. Por último, sumergir el sombrero de las setas en el chocolate rojo y colocar encima las perlas crujientes mientras el chocolate aún esté blando.

Consejo

No hay que hacer las setas demasiado pequeñas ni utilizar palitos finos, ya que se podrían romper al trabajar con ellas.

Fruta crujiente

UNA LLEVA EL GUSANO INCLUIDO

Ingredientes

Manzanas

- Masa base de cake pops (ver páginas 10-11)
- Candy melts rojos y verdes
- Fondant verde
- Para cada unidad: 1 mini rosquilla salada (rabito)
- Cuchillo con punta delgada
- Palitos de cake pops

Gusano

- 2 bolas pequeñas de gelatina de mora (ojos)
- Fondant marrón
- Chocolate blanco o lápiz de glaseado blanco (para fijar los ojos)

Así se hace

1 Preparar una bola con una pequeña porción de masa base de cake pops y presionarla ligeramente por ambos lados para conseguir la forma de una manzana. Continuar del mismo modo con el resto de la masa base. Meter las manzanas en el congelador durante 15 minutos.

2 Derretir los candy melts rojos y verdes y cortar las rosquillas saladas en trozos pequeños. Formar hojas con el fondant, así como las partes del gusano, y extraer bolas pequeñas de la gelatina de mora para hacer los ojos del gusano.

3 Sacar las manzanas del congelador, introducir un palito en la parte más plana de cada una de ellas y sumergirlas en el chocolate rojo o en el verde. Mientras el chocolate esté blando, fijar sobre las manzanas el trozo de rosquilla salada y, en una de ellas, las partes del gusano. Dejar que el chocolate se endurezca.

4 A continuación, colocar las hojas de fondant sobre las manzanas y marcar con un cuchillo las vetas de las hojas. Por último, pintar dos puntos con el lápiz de glaseado o bien poner dos puntos de chocolate blanco líquido sobre la cabeza del gusano y fijar en ellos los ojos hechos con la gelatina de mora.

Cabezas de calabaza

PARA UNA FIESTA DE HALLOWEEN

Ingredientes

- Masa base de cake pops (ver páginas 10-11)
- Candy melts naranjas
- Colorante alimentario negro liposoluble
- Para cada unidad: 1 par de ojos de azúcar, 1 mini smartie verde (nariz), 1 anilla blanca de azúcar, 1 tira de regaliz verde
- Lápiz de glaseado negro
- Palitos de cake pops

Así se hace

1 A partir de la masa base de cake pops formar una bola. Continuar del mismo modo con el resto de la masa base. Meter las bolas en el congelador durante 15 minutos.

2 Derretir los candy melts naranjas y cortar de la tira de regaliz verde varios trozos de 2 cm, uno para cada bola.

3 Sacar las bolas del congelador, introducir en cada una de ellas un palito y sumergirlas en el chocolate naranja. Dejar que el chocolate se endurezca.

4 A continuación, fijar con una gota de chocolate líquido los ojos y la nariz, así como la anilla de azúcar, a través de la cual habrá que introducir primero el trozo de 2 cm de regaliz verde. Para finalizar, pintar la boca con el lápiz de glaseado negro y enrollar el regaliz alrededor del palito.

Desfile de monstruos

TAN SABROSOS QUE DAN MIEDO

Ingredientes

- Masa base de cake pops (ver páginas 10-11)
- Candy melts de colores
- Tictac® (ojos), judías ácidas (boca), confeti de regaliz inglés (para las orejas, boca y nariz), anillas de azúcar, barquillos cebra de chocolate, tiras de regaliz de colores
- Letras de azúcar
- Ojos de azúcar
- Lápiz de glaseado negro
- Palitos de cake pops

Así se hace

1 Preparar una bola con una pequeña porción de masa base de cake pops y modelarla hasta formar un rulo corto y grueso, una pera o un dado. Continuar del mismo modo con el resto de la masa base. Siguiendo las Instrucciones básicas (ver páginas 10-11), meter las formas en el congelador durante 15 minutos.

2 Derretir los candy melts y cortar las tiras de regaliz para el pelo. Cortar de forma adecuada el confeti de regaliz para las orejas, la boca y la nariz.

3 Sacar las formas del congelador, introducir un palito en cada una de ellas y sumergirlas en el chocolate. Dejar que el chocolate se endurezca.

4 A continuación, fijar los adornos de la cara con una gota de chocolate líquido. Para los ojos Tictac® y para la boca del monstruo amarillo utilizar el lápiz de glaseado negro; para pintar el pelo usar chocolate líquido. Para finalizar, anudar las tiras de regaliz alrededor de los palitos.

Consejo

Lo mejor es dejar libre la imaginación y crear nuevas figuras con diferentes combinaciones de colores.

Fantasmas terroríficos

PARA UN TENTEMPIÉ DE MEDIANOCHE

Ingredientes

- Masa base de cake pops (ver páginas 10-11)
- Candy melts blancos
- Colorante alimentario negro liposoluble
- Para cada unidad: 1 perla de azúcar roja (nariz)
- Palito de madera
- Palitos de cake pops

Así se hace

1 Preparar una bola a partir de la masa base de cake pops. Presionar ligeramente y modelar hasta formar un cono plano; redondear ligeramente la cabeza y sacar un pico en un lado. Continuar del mismo modo con el resto de la masa base. Meter los fantasmas en el congelador durante 15 minutos.

2 Derretir los candy melts y colorear una pequeña parte con el colorante alimentario negro.

3 Sacar los fantasmas del congelador e introducir un palito en cada uno de ellos. Sumergirlos luego en el chocolate líquido blanco y dejar que este se endurezca.

4 A continuación, poner con un palito de madera los ojos en color negro. Dejar secar. Para finalizar, poner en los ojos un punto de chocolate blanco a modo de pupila y, con una gota de chocolate líquido, pegar la perla de azúcar roja de la nariz.

Consejo

¡Con una masa más oscura los fantasmas tendrán un aspecto más "fantasmal"! Para ello hay que utilizar un bizcocho oscuro, por ejemplo de chocolate, o bien "teñir" un bizcocho claro con una crema de mantequilla oscura.

¡Jo, jo, jo!

PAPÁ NOEL CON SU GRUPO DE RENOS

Ingredientes

Papá Noel

- Masa base de cake pops (ver páginas 10-11)
- Candy melts rojos
- Glasa blanca o bien fondant de azúcar (glaseado)
- Fondant (para la cara)
- 1 perla de azúcar roja (para la nariz), 2 bolas pequeñas de gelatina de mora (para los ojos)
- Manga pastelera con boquilla
- Palitos de cake pops

Renos

- Masa base de cake pops (ver páginas 10-11)
- Candy melts de cacao light marrón
- Para cada unidad: 1 par de ojos de azúcar
- Para cada unidad: 1 gominola de grosella (para la nariz) y 2 judías blancas de gominola (cornamenta)
- Tijeras
- Palitos de cake pops

Así se hace

Papá Noel

1 A partir de la masa base hacer un cono y meterlo en el congelador durante 15 minutos.

2 Mientras tanto, ir derritiendo los candy melts rojos y preparar también los ojos, haciendo unas bolas pequeñas con la gelatina de mora.

3 Sacar el cono del congelador, introducir en él un palito y sumergirlo en chocolate rojo. Dejar que el chocolate se endurezca.

4 A continuación, preparar con el fondant un disco redondo para hacer la cara y colocarlo con cuidado en el cake pop. Rellenar una manga pastelera con la glasa o el fondant de azúcar (glaseado) y decorar el Papá Noel. Para finalizar, fijar los ojos y la nariz, hecha con una perla de azúcar roja (ver la fotografía), presionándolos en el fondant o en el fondant de azúcar (glaseado).

Renos

1 A partir de la masa base de cake pops, hacer unas bolas y después darles forma de huevo. Meter las bolas en el congelador durante 15 minutos.

2 Mientras tanto, derretir los candy melts de cacao light marrón y preparar la cornamenta para los renos: para ello, cortar con unas tijeras dos triángulos en el borde curvado interior de cada judía blanca de gominola.

3 Sacar los huevos del congelador, introducir un palito en cada uno de ellos y sumergirlos en el chocolate. Dejar que el chocolate se endurezca.

4 A continuación, fijar en cada reno, con una gota de chocolate líquido, las gominolas de grosella que hacen las veces de nariz, los ojos de azúcar y la cornamenta ya preparada.

Consejo

No hay que colocar las judías que hacen las veces de cornamenta demasiado en los laterales, sino más bien en la parte superior de la cabeza. Así se sujetan mucho mejor.

Árboles de Navidad

PARA DECORAR LA CASA

Ingredientes

Árbol de Navidad

- Masa base de cake pops (ver páginas 10-11)
- Candy melts verdes
- Perlas de azúcar de colores
- Decoración para postres y lápiz de glaseado
- Palitos de cake pops

Velas

- Masa base de cake pops (ver páginas 10-11)
- Candy melts rojos
- Fondant naranja
- Palitos de cake pops

Así se hace

Árboles de Navidad

1 Preparar una bola con una pequeña porción de masa base de cake pops y después formar un cono. Meter las formas en el congelador durante 15 minutos.

2 Derretir los candy melts verdes y escoger perlas de azúcar rojas para la decoración del árbol.

3 Sacar las formas de congelador, introducir un palito en cada una de ellas y sumergirlas luego en el chocolate verde.

4 Decorar algunos árboles con perlas de azúcar de colores mientras el chocolate todavía esté blando. En otros árboles dejar que el chocolate se endurezca. Hacer una espiral con la decoración para postres o con el lápiz de glaseado y, antes de que se seque, ir presionando con mucho cuidado las perlas de azúcar rojas.

Velas

1 Preparar unas bolas con una pequeña porción de masa base de cake pops y después modelarlas hasta conseguir un rulo. Meter en el congelador durante 15 minutos.

2 Derretir los candy melts rojos y hacer las llamas con el fondant naranja. Para ello, modelar primero una bola y luego darle forma de gota.

3 Sacar las formas del congelador, colocar un palito en cada una de ellas y sumergirlas en el chocolate. Dejar que el chocolate se endurezca.

4 A continuación, fijar la llama de fondant a la vela con la ayuda de una gota de chocolate líquido.

Elegantes muñecos de nieve

QUE VAN CAMINO DE DERRETIRSE

Ingredientes

- Masa base de cake pops (ver páginas 10-11)
- Candy melts blancos
- Fondant naranja
- Para cada unidad: 2 bolas pequeñas de gominola de mora (ojos), 2 perlas crujientes marrón oscuro (botones)
- Para cada unidad: 1 mini cilindro, de 1,5 a 2 cm
- Para cada unidad: 20 cm de cinta de cuadros blancos y rojos, 4 mm de ancho
- Palitos de cake pops

Así se hace

1 A partir de la masa base de cake pops hacer una bola y luego darle forma de pera. Continuar del mismo modo con el resto de la masa base. Meter los muñecos de nieve en el congelador durante 15 minutos.

2 Derretir los candy melts y hacer con el fondant un pequeño cono para la nariz del muñeco de nieve.

3 Sacar los muñecos del congelador, colocar un palito en cada uno de ellos y sumergirlos en el chocolate líquido. Dejar que el chocolate se endurezca.

4 A continuación, fijar con una gota de chocolate líquido los ojos, la nariz y las perlas crujientes a modo de botones, así como el sombrero.

Cerditos de la suerte

¡FELIZ AÑO NUEVO!

Ingredientes

- Masa base de cake pops (ver páginas 10-11)
- Candy melts rosas
- Para cada unidad: 1 nube de azúcar rosa (tripa), 2 anillas rosas (agujeros de la nariz), 1 flor de azúcar verde pequeña
- Para cada unidad: 1 par de ojos de azúcar
- Palitos de cake pops

Así se hace

1 A partir de la masa base de cake pops hacer una bola y modelarla de tal manera que se formen dos orejas. Para ello, presionar la bola ligeramente y sacar la punta de las orejas. Continuar del mismo modo con el resto de la masa base. Meter los cerditos en el congelador durante 15 minutos.

2 Derretir los candy melts e introducir un palito en cada nube, dejando que asome por arriba unos 2 cm.

3 Sacar los cerditos del congelador e introducir en ellos los palitos; entre la cabeza y la nube debe haber una distancia de 0,5 cm. Sumergir las cabezas en el chocolate, dejar enfriar (no deben estar totalmente secas) y luego presionar con cuidado la nube contra la cabeza para que se fije y haga las veces de tripa. Dejar endurecer por completo.

4 A continuación, fijar a la cabeza del cerdito los ojos, los agujeros de la nariz y la flor utilizando chocolate líquido.

OTROS TÍTULOS PUBLICADOS

Más información sobre estos y otros títulos en nuestra página web:
www.editorialeldrac.com